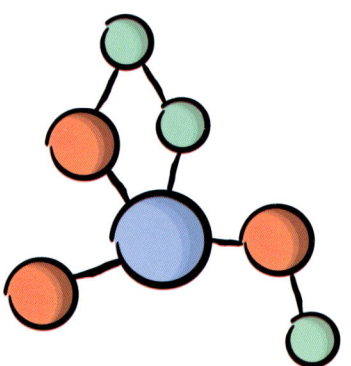

Texto: Mar Benegas
Ilustraciones: Cristina de Cos-Estrada

© SUSAETA EDICIONES S.A.
C/ Campezo, 13 - 28022 Madrid
Tel.: 91 3009100
www.susaeta.com
Impreso y encuadernado en España

Impreso en papel procedente de bosques sostenibles

D.L.: M-34541-MMXXIII

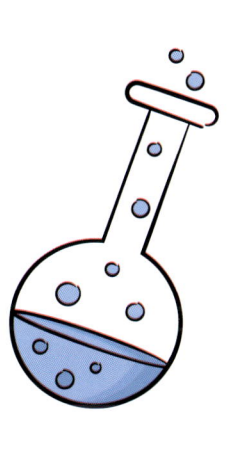

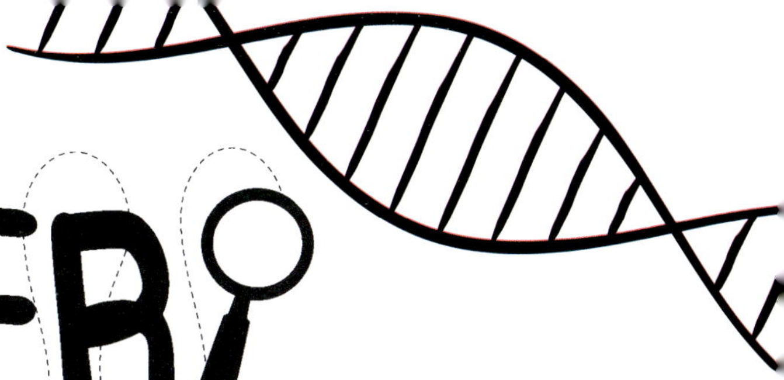

EXPERI MENTOS

DE FÍSICA Y QUÍMICA

Un par de consejos antes de empezar, ¡pequeño científico!

El libro que tienes entre las manos es un libro de experimentos. Los experimentos han servido para facilitar la vida de las personas durante toda la historia de la humanidad.

Muchos científicos han arriesgado su vida por los demás: para curar enfermedades, para hacer las casas más seguras, para viajar al espacio, para que todos vivamos mejor.

Gracias a ellos, la humanidad ha evolucionado hasta hoy.

Sin embargo, SER CIENTÍFICO Y REALIZAR EXPERIMENTOS entraña peligros y encierra secretos. Te damos algunos consejos antes de que leas el libro y pongas a prueba los experimentos que aquí encontrarás:

Punto 1

NO OLVIDES UTILIZAR UN VESTUARIO ADECUADO. La ciencia mancha.

Punto 2

EN MUCHOS EXPERIMENTOS NECESITARÁS LA AYUDA DE UN ADULTO. Se utilizan productos que tú no puedes manipular bajo ningún concepto.

Punto 3

UTILIZA PROTECCIÓN CUANDO LO NECESITES. No dudes en ponerte gafas protectoras o guantes cuando sea necesario.

Punto 4

CUIDADO CON QUEMARTE. En algunos experimentos usamos materiales a altas temperaturas; no los toques: díselo a una persona mayor.

Punto 5

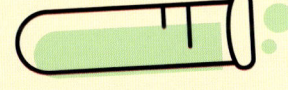

TEN PACIENCIA, porque «la paciencia es la madre de la ciencia».

Punto 6

UTILIZA RECIPIENTES ADECUADOS. No cojas nada de la cocina sin pedir permiso. Además, algunos recipientes no te servirán. Pregunta primero.

Punto 7

ABRE TU MENTE. El pensamiento científico nunca da nada por sentado, siempre está investigando y es muy observador.

Punto 8

Y el más importante de todos: DIVIÉRTETE UN MONTÓN.

EXPERIMENTOS DE FÍSICA

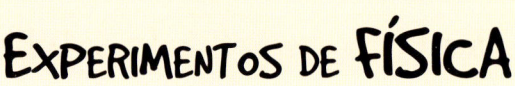

Una nube dentro de la botella

¡SORPRÉNDETE!

Con la ayuda de un adulto, podrás crear una nube dentro de una botella.

NECESITAS...

- Una botella de plástico de 2 litros
- Alcohol etílico de 96° (*), del que se usa para curar (lo venden en las farmacias y seguro que tienes en casa)
- Un tapón de goma (que entre en la boca de la botella)
- Un punzón o destornillador
- Un inflador manual (de los que sirven para inflar las ruedas de la bici).

(*) El alcohol es tóxico. PIDE AYUDA A UN ADULTO.

Manos a la obra

Paso 1

Cogemos el tapón de goma y le hacemos un agujero con un punzón o destornillador, de manera que quepa la boquilla más fina de nuestro inflador. (*)

Paso 2

Echamos un poco de alcohol en la botella de plástico, solo hasta cubrir el fondo.

96º

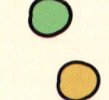

Paso 3

Tapamos la botella.

(*) ¡OJO! Es mejor que este paso lo haga un adulto.

Paso 4

Introducimos el inflador por el orificio del tapón que hemos hecho con anterioridad e introducimos aire dentro de la botella.

Paso 5

Quitamos el tapón... e inmediatamente SE FORMARÁ UNA NUBE DENTRO DE LA BOTELLA.

¿POR QUÉ SUCEDE ESTO?

Las nubes del cielo se generan por condensación: el agua que se evapora por el calor del sol sube en forma de vapor. Por el frío, se condensa y forma nubes. Luego cae en forma de lluvia. El vapor podemos verlo, claramente, si ponemos a calentar agua en el fuego. Si dejamos el agua en el fuego mucho rato, desaparecerá del cazo: SE HABRÁ EVAPORADO TOTALMENTE.

En este experimento creamos algo parecido: los gases del alcohol y la presión del inflador hacen que se condense nuestra nube.

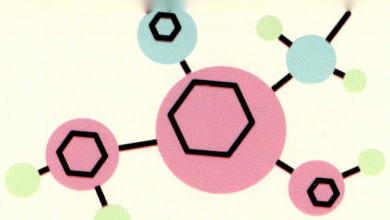

CURIOSIDAD CIENTÍFICA

La NIEVE se produce cuando las nubes están a una temperatura por debajo de 0 grados y el agua que contienen se cristaliza formando copos de nieve. El GRANIZO, sin embargo, se forma cuando las nubes se enfrían de manera brusca, formando bolas de hielo. La piedra de granizo más grande del mundo pesaba 1 kg y cayó en Bangladesh en 1986. ¡Menos mal que no nos pilló cerca!

¿Cuántos caben?

¡SORPRÉNDETE!

¿Cuántos alfileres caben en un vaso lleno de agua hasta el borde? Apuesta y gana, porque... ¡caben más de los que te imaginas!

NECESITAS...

- Entre 2 y 3 cajas de alfileres, de las que tenemos en el costurero de casa (suelen ir por gramos, pero las cajitas más grandes tienen entre 100 y 150 alfileres). Cuantos más consigas, mejor.
- Un vaso o copa de cristal.
- Agua.

Manos a la obra

Paso 1

Llenamos la copa de agua hasta que no quepa ni una gota más. Justo hasta el borde, pero sin que llegue a derramarse.

Paso 2

Con mucho cuidado iremos echando, UNO A UNO, los alfileres y contando los que caben en el vaso sin que se salga el agua. (*)

Paso 3

Uno, dos, tres, cuatro…

Paso 4

… quince, dieciséis, diecisiete…

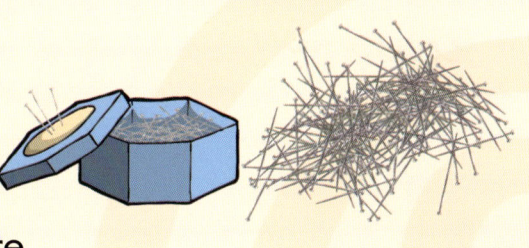

(*) ¡OJO! Los alfileres son peligrosos. ¡¡Experimento para realizar CON UN ADULTO!!

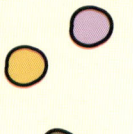

Paso 5

… noventa… cien… doscientos… trescientos… ¿Cómo es posible? ¡¡Puedes llegar a introducir más de QUINIENTOS ALFILERES sin que el agua rebose y se salga!!

CURIOSIDAD CIENTÍFICA

Se dice que Arquímedes se metió en la bañera y se dio cuenta de que el agua desbordada tenía el mismo volumen que su cuerpo (es lo que se llamó Principio de Arquímedes); de esta manera se podía saber el volumen de cualquier objeto, tuviera la forma que tuviera. Emocionado por su descubrimiento, salió a la calle sin vestir, gritando: «¡EUREKA!» ('¡lo tengo!').

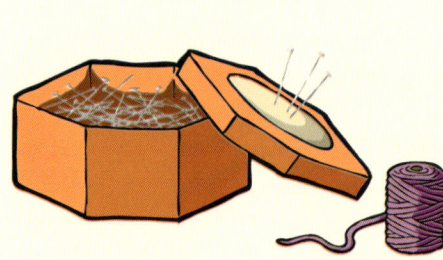

¿POR QUÉ SUCEDE ESTO?

Todo cuerpo sumergido en un líquido desaloja una cantidad de dicho líquido igual a su volumen.

Bien, ¿qué sucede entonces con nuestros alfileres? El alfiler tiene muy poco peso (de hecho, si lo dejas con suavidad en posición horizontal, ¡flotará!). Cuando metemos los alfileres uno a uno, el agua no se desborda. Podemos decir que los «sujeta» porque no pesan apenas.

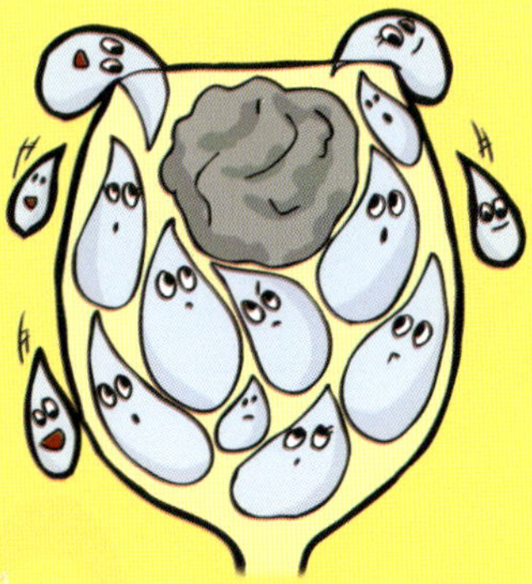

¿Puedes o no?

¡SORPRÉNDETE!

Inflar un globo puede ser un misterio. Con este experimento podrás comprobarlo.

NECESITAS...

- Una botella de plástico de 2 litros o una garrafa (con tapón). Tiene que tener un agujero pequeño (que puedas taparlo con el dedo) en la base. (*)
- Un globo.
- Agua.

(*) ¡OJO!
¡No se te ocurra hacer el agujero tú solo! Dile a un adulto que lo haga él con un destornillador o tornillo de rosca.

Manos a la obra

Paso 1

Hacemos un agujero en la base de la botella, del tamaño justo para poder taparlo con un dedo.

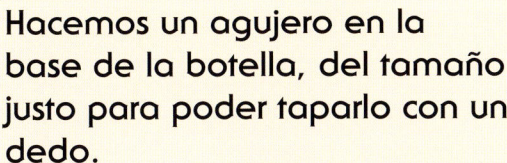

Paso 2

Tenemos que meter el globo dentro de la botella; la boquilla del globo debe quedar sujeta a la boca de la botella.

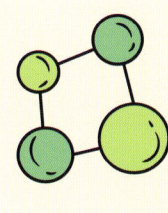

Paso 3

Tapamos el agujero de abajo con un dedo y soplamos... ¿Podemos inflarlo? NO, ¡ES IMPOSIBLE!

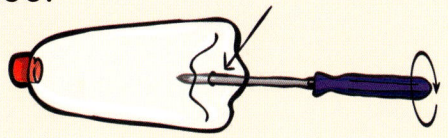

Paso 4

Ahora, dejamos abierto el agujero y volvemos a soplar... ¿Qué sucede? SÍ, AHORA SE INFLA EL GLOBO.

Paso 5

TAPAMOS RÁPIDAMENTE EL AGUJERO y... nos separamos de la botella. ¿CÓMO ES POSIBLE? ¡¡NO SE DESINFLA!! ¡A pesar de que la boquilla del globo NO ESTÁ ATADA!

Paso 6

Si quitamos el dedo del orificio inferior, el globo se queda sin aire de nuevo.

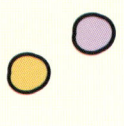

Paso 7

Probamos ahora a llenar la botella de agua: SE SALE POR EL AGUJERO, CLARO. Sin embargo, ¿qué sucede si ponemos el tapón?: EL AGUA DEJA DE SALIR. Si quitamos el tapón de la botella, volverá a vaciarse por abajo de forma inmediata.

CURIOSIDAD CIENTÍFICA

El aire rodea la Tierra y ejerce, con su peso, una presión atmosférica: a más altura menos presión, menos aire «tenemos encima».

No podemos vivir con grandes diferencias de presión, pues a través de esta llega el aire a los pulmones y de ahí a la sangre. No podemos con mucha presión, como en el fondo del mar, pero tampoco con poca; por eso los alpinistas sufren el «mal de altura»: no llega suficiente oxígeno a la sangre.

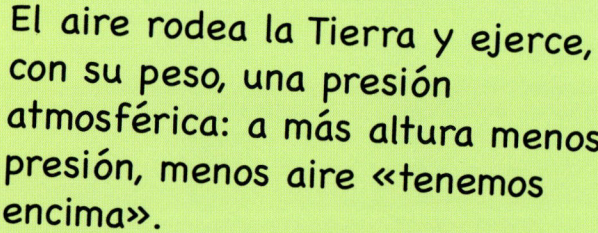

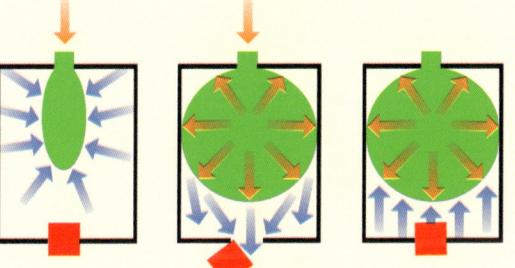

¿POR QUÉ SUCEDE ESTO?

Si tapamos el agujero de la botella, el globo no puede inflarse porque el aire que contiene la botella se comprime y ejerce presión sobre el globo.

Si destapamos el agujero, sí podremos hacerlo porque tiene una válvula de escape.

Si, una vez inflado el globo, volvemos a cubrir el orificio con el dedo, es decir, tapamos la válvula de escape, la presión del aire de dentro de la botella sube e impide que se vacíe.

Con el agua sucede lo mismo: al poner el tapón de la botella, la presión del aire exterior hace que el agua no pueda escaparse; digamos que funciona como otro tapón.

Los fideos saltarines

SORPRÉNDETE...

¡fideos que saltan a un globo! No están vivos, es la electricidad estática.

NECESITAS...

- 2 globos.
- Un jersey o bufanda de lana.
- 4 fideos, de los más finos que encuentres en casa.
- Trocitos de papel.

Manos a la obra

Paso 1

Inflamos el globo y lo atamos.

Paso 2

Frotamos el globo, mucho rato, contra la lana.

Paso 3

Acercamos el globo, poco a poco, a los fideos.

Paso 4

Los fideos se levantarán hasta quedarse completamente verticales. Ya verás: ¡se mueven y bailan! Y, si acercamos un poco más el globo... ¡saltan como si estuvieran VIVOS!

Paso 5

Podemos probar también con trocitos pequeños de papel. Veremos cómo el globo los atrae y se quedan pegados a él.

Paso 6

Ahora, inflamos el otro globo. Frotamos ambos globos en la lana, acercamos uno al otro y… NO SE ATRAEN; AL CONTRARIO: SE REPELEN.

¿POR QUÉ SUCEDE ESTO?

¿Tienes el pelo largo? Prueba a acercarte el globo, después de frotarlo con la lana, y verás cómo se levanta, igual que los fideos de nuestro experimento. También te pasará en invierno, al quitarte un jersey de lana. Se debe a la electricidad estática.

Al frotar el globo con la lana, este se llena de electricidad con carga negativa. Los fideos son atraídos por la carga negativa de nuestro globo.

La electricidad estática funciona igual que el magnetismo de los imanes: cargas iguales se repelen; cargas contrarias se atraen.

CURIOSIDAD CIENTÍFICA

¿Te has preguntado alguna vez cómo se forman las PELUSAS que hay debajo de tu cama? Para que se forme una pelusa primero tiene que haber un pelo (¿se llamarán pelusas por eso?). El pelo se carga de electricidad estática con el ROCE DE NUESTROS MOVIMIENTOS y las corrientes de aire. Después, atrae todo lo que hay a su alrededor: polvo, telarañas, fibras, etc. Por eso, las casas son el paraíso de las pelusas.

Sube que sube...

SORPRÉNDETE...

Vela que se apaga, agua que sube.

NECESITAS...

ꭥ Un recipiente con agua (puede servir un plato hondo grande).

ꭥ Colorante alimentario o leche (si coloreas el agua con uno de estos dos líquidos, verás el efecto mucho mejor, aunque No es imprescindible).

ꭥ Un vaso de cristal en forma de tubo.

ꭥ Una vela. (*)

(*) ¡OJO! En este experimento hay que encender una vela. Es mejor que TE AYUDE UN ADULTO.

Manos a la obra

Paso 1

Preparamos el cuenco con agua, a ser posible teñida con unas gotas de colorante (de un color que te guste).

Paso 2

Pedimos a un adulto que encienda la vela y la coloque dentro del plato con agua.

Paso 3

Ponemos el vaso boca abajo sobre la vela, cubriéndola por completo.

Paso 4

Esperamos. Cuando el oxígeno dentro del vaso se consuma...

Paso 5

... la vela se apagará y de pronto: ¡¡EL AGUA SUBIRÁ DENTRO DEL VASO!!

CURIOSIDAD CIENTÍFICA

Para que haya fuego tiene que haber oxígeno; de otro modo no sería posible la combustión. Por eso, cuando las personas se quedan atrapadas en un lugar cerrado, donde no hay mucho aire, siempre se aconseja que respiren de manera tranquila y no enciendan ningún tipo de fuego (mechero, velas...), pues las llamas consumirían el aire con mayor rapidez.

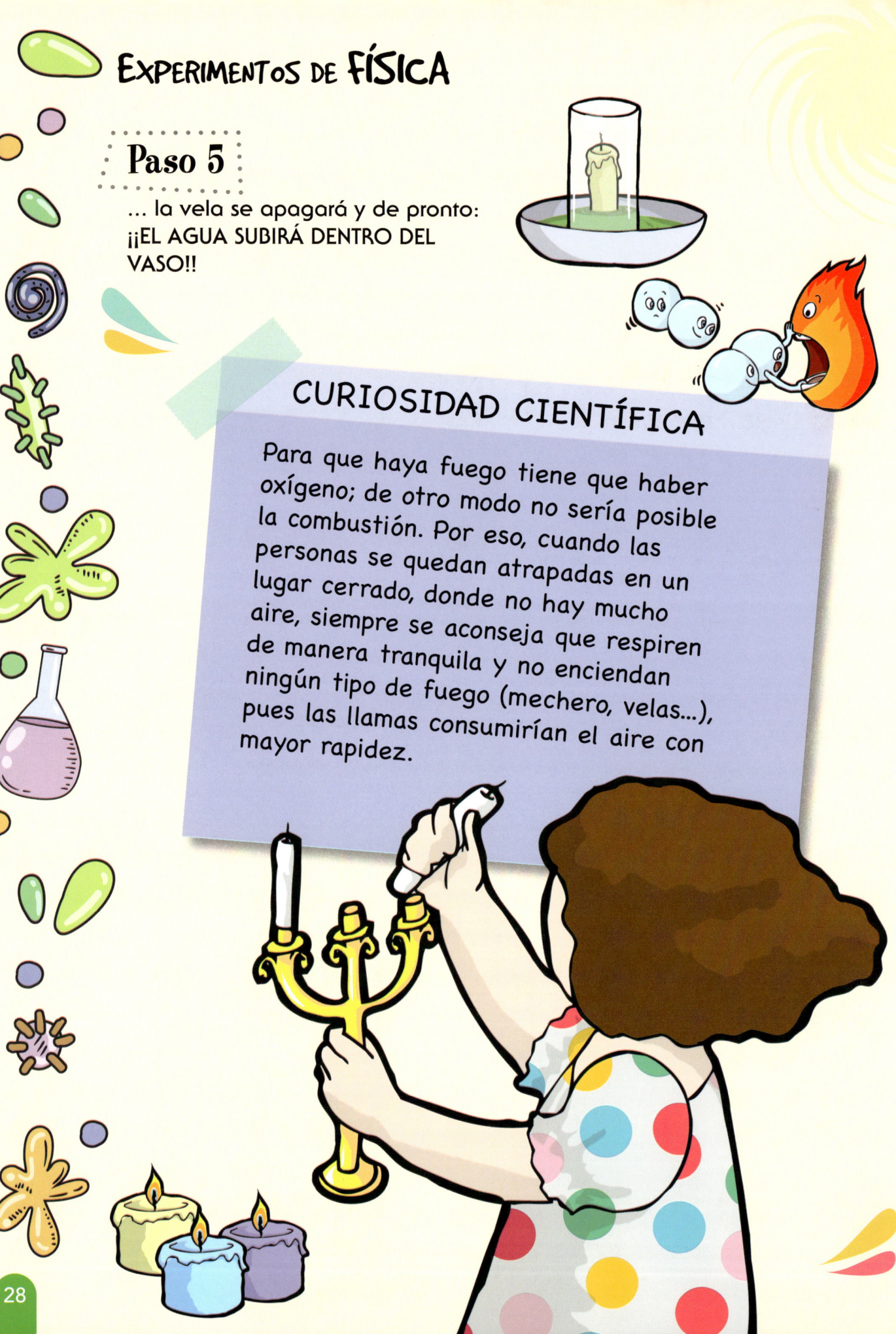

¡ASOMBROSO!

¿POR QUÉ SUCEDE ESTO?
La vela calienta el aire (el aire es un gas) que hay dentro del vaso y eso hace aumentar la presión que hay en el interior.

El fuego de la vela consume el oxígeno y el aire caliente del interior del vaso se enfría; por lo tanto, baja de nuevo la presión.

La atmósfera del exterior «empuja» el agua para equilibrar la presión.
POR ESO SUBE EL AGUA.

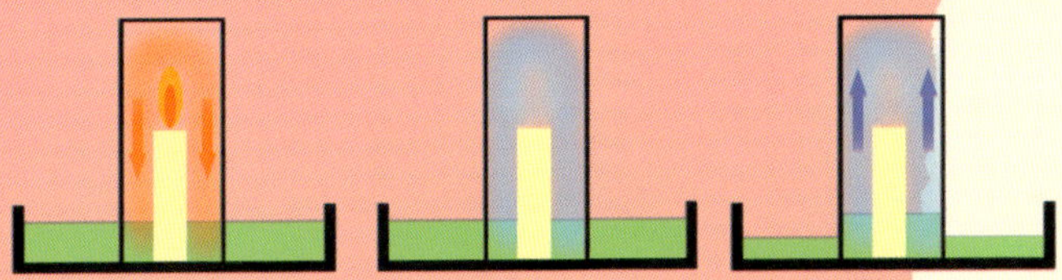

Cohete a reacción

SORPRÉNDETE...

Un cohete que saldrá disparado a reacción en tu lanzadera.

NECESITAS...

- Un cordón largo de algodón grueso u otro material similar.
- Un globo.
- 2 canutos de plástico (te pueden servir los carretes vacíos de una bobina de hilo, el tubo de un rotulador grueso vacío o cualquier objeto similar que encuentres por casa).
- Cinta adhesiva de bricolaje.

Manos a la obra

Paso 1

CONSTRUCCIÓN DE LA LANZADERA: debemos pegar los dos tubos de plástico, de manera que queden así:

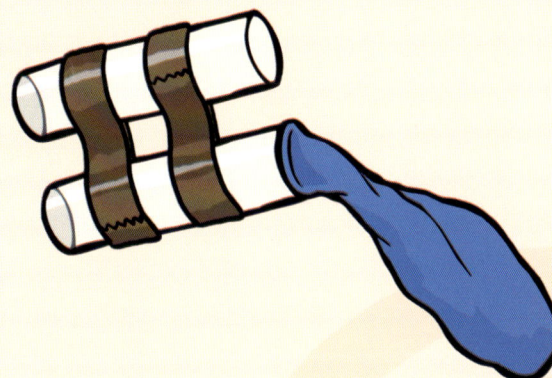

Paso 2

Después, sujetamos la boquilla del globo a uno de los tubos, de forma que podamos inflarlo por el otro extremo.

Paso 3

Introducimos el cordón por el tubo que NO tiene el globo.

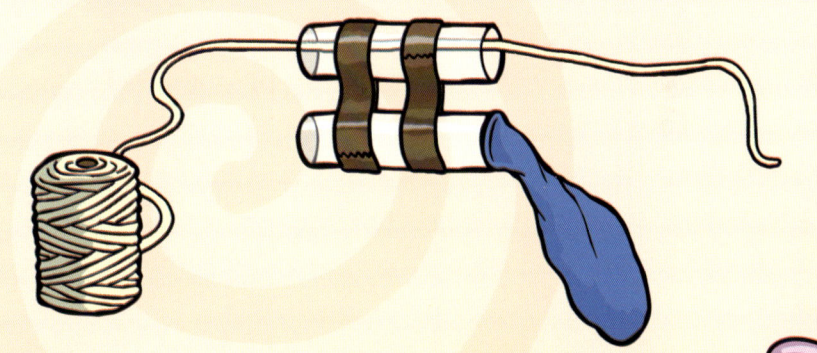

Paso 4

A continuación, fijamos un extremo del cordón. Si es posible fijarlo en vertical, mejor (por ejemplo, le diremos a un adulto que lo ate a la parte superior de un armario), ¡aunque nuestro cohete también puede volar en horizontal! Para eso solo necesitamos una persona que sujete con la mano el extremo de la cuerda.

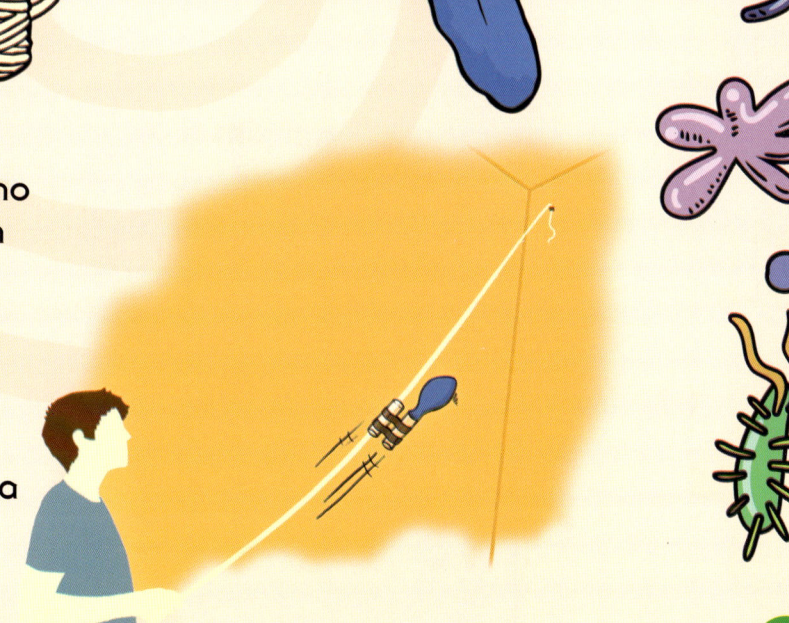

EXPERIMENTOS DE FÍSICA

Paso 5

Una vez sujeto el extremo, inflamos el globo a través del tubo.

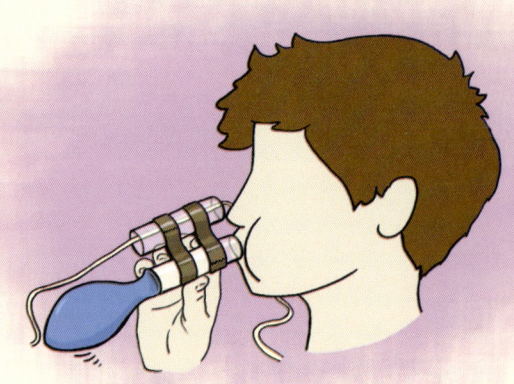

Paso 6

... Y SOLTAMOS EL COHETE. Saldrá disparado a reacción, como los cohetes de verdad, recorriendo la cuerda hasta llegar al extremo.

CURIOSIDAD CIENTÍFICA

Newton descubrió la Ley de la Gravedad observando la caída de una manzana de un árbol en el campo. Se preguntó por qué la manzana siempre cae al suelo... Si quieres ser un buen científico debes tener los ojos bien abiertos. Nunca se sabe cuándo se encenderá...

¡LA BOMBILLA DE LAS IDEAS!

¿POR QUÉ SUCEDE ESTO?

La propulsión de nuestro globo sucede como en los cohetes de verdad, los que van al espacio. La diferencia es que los cohetes auténticos, como tienen que subir muy alto y pesan mucho, llevan unos motores y una lanzadera con muchísima potencia.

La salida del aire de nuestro globo tiene una reacción: lo impulsa hacia delante o hacia arriba con la misma velocidad y fuerza que el propio aire que está expulsando.

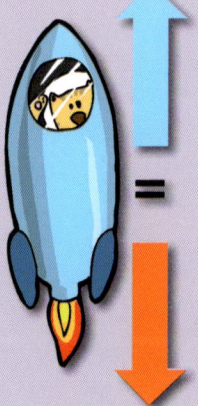

EXPERIMENTOS DE FÍSICA

El palo atrapado

SORPRÉNDETE...

Un palo que, de pronto, no puede salir del recipiente.

NECESITAS...

- Arena (seca) o arroz.
- Un recipiente de plástico alargado con forma de tubo.
- Un palo de madera largo, de una longitud superior a la altura del recipiente (puede servirte el mango de un cubierto de madera, de los que se usan para remover la comida).

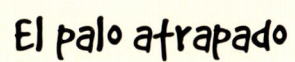

Manos a la obra

Paso 1

Metemos el palo en el recipiente en forma de tubo.

Paso 2

Llenamos el tubo con la arena o el arroz.

Paso 3

SACAMOS EL PALO. No hay ningún problema, ¿verdad?

Paso 4

Volvemos a empezar. Sacamos la arena y repetimos los pasos 1 y 2.

Paso 5

Ahora, antes de sacar el palo, golpeamos el lateral del recipiente con los dedos un buen rato. Veremos cómo la arena (o el arroz) va bajando. Seguimos dando golpes suaves con la mano.

Paso 6

Intentamos ahora sacar el palo. ¿Qué sucede? Al tirar del palo NOS LLEVAMOS EL RECIPIENTE ENTERO… ¡NO SALE!

CURIOSIDAD CIENTÍFICA

No intentes hacer este experimento dentro del congelador porque ESTOS MATERIALES NO SE COMPACTAN a una temperatura por debajo de los 2 grados centígrados. Por este motivo, cuando hace mucho frío se paralizan los trabajos de las apisonadoras en las carreteras.

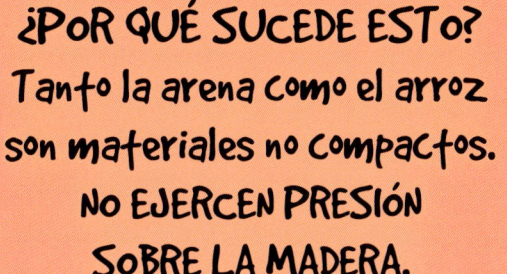

¿POR QUÉ SUCEDE ESTO?

Tanto la arena como el arroz son materiales no compactos. **NO EJERCEN PRESIÓN SOBRE LA MADERA.**

Sin embargo, si golpeamos por un lado, lo que hacemos es COMPACTAR los granos: eliminamos los espacios vacíos y entonces sí ejercen presión. Por eso no podemos sacar el palo.

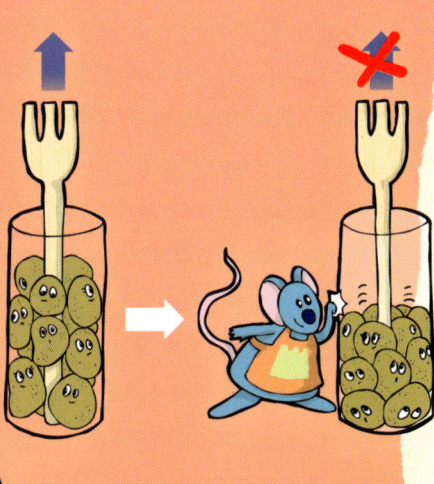

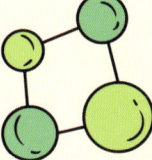

Nave espacial a propulsión

SORPRÉNDETE...

Fabricamos un juguete a propulsión.

¡Ya verás qué divertido!

NECESITAS...

- Un CD o DVD que ya no sirva.
- Pegamento.
- Un tapón de botella de plástico de los que llevan válvula de cierre y apertura (esas válvulas que, si las bajas, se cierran y no sale el líquido, y si las subes puedes beber; seguro que sabes cuáles son). (*)
- Un globo.

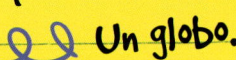

Manos a la obra

Paso 1

Decoramos el disco a nuestro gusto: con pintura, pegatinas, rotuladores… ¡Utiliza la imaginación!

Paso 2

Pegamos el tapón por la parte de abajo en el centro del disco, justo donde tiene el agujero. Lo pegamos bien para que no se suelte después.

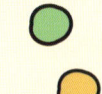

(*) Los llevan las bebidas energéticas para los deportistas, algunos zumos para niños e, incluso, algunas botellas de agua mineral.

Paso 3

Cerramos la válvula del tapón, es decir, la bajamos para que no salga ni entre el aire.

Paso 4

Inflamos el globo y lo sujetamos para que no se escape el aire (*). Luego lo encajamos en el tapón.

(*) Si tienes dificultades, puedes meter el globo sin hinchar y luego soplar por la parte de abajo del disco, por el agujero; así también podrás inflarlo, aunque te costará más. Tendrás que cerrar la válvula inmediatamente para que no se escape el aire antes de tiempo.

Paso 5

Colocamos nuestra NAVE ESPACIAL sobre una superficie plana, cuanto más lisa mejor; por ejemplo, el suelo o una mesa grande.

Paso 6

Abrimos la válvula de la botella y... vemos cómo NUESTRA NAVE COBRA VIDA Y COMIENZA A RODAR de aquí para allá, como una verdadera nave espacial.

CURIOSIDAD CIENTÍFICA

¿Sabías que LAS NAVES ESPACIALES también USAN ESTE MÉTODO PARA SALIR AL ESPACIO? Eso sí, con muchísima más potencia que la de un globo. Lo que más les cuesta es salir de la atmósfera terrestre. Por eso usan una lanzadera que las propulsa. Una vez fuera, ya no necesitan tanta potencia, y mantienen la velocidad adquirida en el impulso, sin consumir prácticamente energía.

¿POR QUÉ SUCEDE ESTO?

¿Te acuerdas del experimento de la lanzadera? En este caso sucede algo similar. El aire sale por el tapón y la nave experimenta una fuerza hacia arriba que es igual a la fuerza del aire saliendo del globo.

Es la LEY DE ACCIÓN Y REACCIÓN, la tercera de Newton: si aplicamos una fuerza (en este caso el aire que sale del globo) a un objeto (nuestra nave), este realiza una fuerza igual pero en sentido contrario (se eleva).

Equilibrios imposibles

$$F = \frac{G m_1 m_2}{r^2}$$

SORPRÉNDETE...

Se sostiene, hace equilibrios, no se cae, parece que flota... ¡El centro de gravedad tiene la culpa!

NECESITAS...

- Un tapón de corcho (de los que se usan para tapar botellas de vidrio).
- Una botella llena y con tapón (de leche, de refresco, de agua... cualquiera te puede servir).
- Un palillo.
- 2 tenedores.

¡OJO! Cuidado con los objetos puntiagudos (palillos y tenedores); MEJOR QUE TE AYUDE UN ADULTO.

Manos a la obra

Paso 1

Primero clavamos el palillo en la base del tapón.

Paso 2

Después hacemos lo mismo con los dos tenedores, pero en los lados del corcho, a la misma distancia.

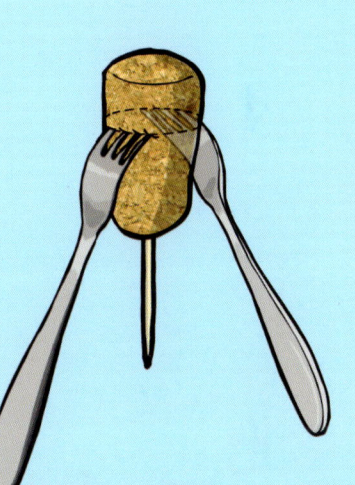

Paso 3

Por último: apoyamos el palillo (*), con los tenedores clavados, sobre el tapón de la botella. Tendrás que ir probando hasta que veas que se queda en equilibrio.

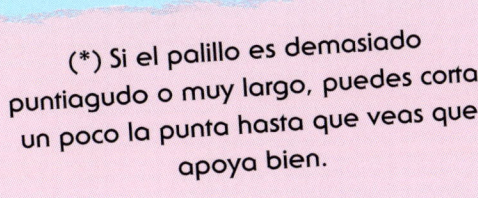

(*) Si el palillo es demasiado puntiagudo o muy largo, puedes cortar un poco la punta hasta que veas que apoya bien.

EXPERIMENTOS DE FÍSICA

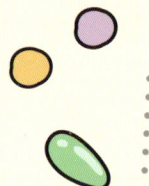

Paso 4

¡ASOMBROSO! Los tenedores y el corcho se mantienen en equilibrio sobre la botella. INCLUSO PODEMOS GIRAR LOS TENEDORES como si fueran una noria. (*)

(*) Podemos hacer este experimento con otros materiales. Por ejemplo: en lugar de un palillo, un clavo o dos alfileres de cabeza. ¡OJO! SI USAMOS OTROS MATERIALES MÁS PUNZANTES, ¡¡CUIDADO CON ELLOS!! (mejor pediremos a un adulto que nos ayude).

¿POR QUÉ SUCEDE ESTO?

El centro de gravedad de un objeto es lo que permite que se mantenga de pie.

No podremos hacer que un espagueti se mantenga erguido; sin embargo, si juntamos muchos espaguetis y los atamos todos juntos, entonces sí será posible, porque su peso se distribuye entre altura y base.

Al pinchar el corcho y los dos tenedores a los lados, CAMBIAMOS SU PUNTO DE EQUILIBRIO. Por eso se sujetan sobre un palillo y se quedan «volando» a ambos lados.

CURIOSIDAD CIENTÍFICA

La LEY DE LA GRAVEDAD es la que hace que las cosas «caigan» o que no salgamos flotando por el Universo y nos quedemos «pegados» a la Tierra. En el espacio, al no tener lo bastante cerca un cuerpo con fuerza de gravedad que atraiga el peso, tan liviano, de un ser humano, los astronautas deben vivir sin gravedad. Es muy complejo e incómodo: todo flota, ¡incluso ellos!

Tras la nube... la lluvia

SORPRÉNDETE...

¿Por qué llueve? ¿Cómo se forma la lluvia? Con este experimento podrás averiguarlo.

NECESITAS...

- 2 recipientes transparentes, uno grande y otro más pequeño (para que quepa en el primero).
- Sal.
- Un poco de colorante.
- Agua.
- Film de cocina o una tapa de plástico transparente.
- 3 cubitos de hielo.
- Una cuchara.

¡OJO! Hay que utilizar agua muy caliente; que UN ADULTO TE AYUDE a realizar este experimento.

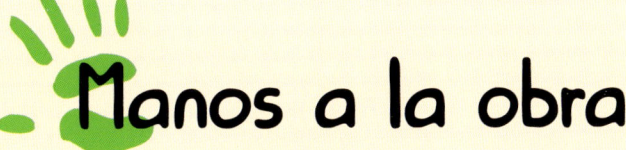

Manos a la obra

Paso 1

En el recipiente grande echamos la sal, el colorante y el agua hirviendo. Luego removemos bien toda la mezcla.

Paso 2

Introducimos el recipiente pequeño con agua limpia dentro del grande.

Paso 3

Sellamos el recipiente grande con el plástico o la tapa transparente.

Paso 4

Ponemos el hielo sobre la tapa de plástico.

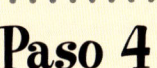

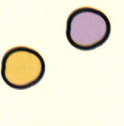

Paso 5

Esperamos. El agua caliente se irá evaporando y, en unos minutos, COMENZARÁ A LLOVER. Sin embargo, solo lloverá sobre el recipiente pequeño y… ¡SORPRESA!: será agua limpia y no estará salada, a pesar del colorante y de la sal que hemos añadido.

CURIOSIDAD CIENTÍFICA

SOBRE GOTAS Y RAYOS: La velocidad a la que cae una gota de lluvia desde las nubes es de 28 km/h. Muy despacio si la comparamos con la de la luz, que viaja a ¡300.000 km por segundo!

Einstein decía que, si un astronauta viajaba a una velocidad superior a la de la luz, volvería de su viaje ANTES de haberse ido. Viajar a mayor velocidad que la luz implica viajar hacia atrás en el tiempo.

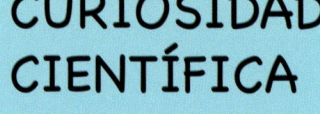

¿POR QUÉ SUCEDE ESTO?

En este experimento podemos ver claramente el proceso de evaporación.

El agua hirviendo se evapora. Por encima, se encuentra con un obstáculo que no permite que siga subiendo. Esto mismo sucede con el agua evaporada de la tierra, que se encuentra con un cambio de presión y de temperatura.

Al añadir el hielo, precipitamos el proceso de condensación. Forma gotas que caen como la lluvia. El otro fenómeno que podemos ver en nuestro experimento es el destilado del agua. La sal no se evapora y tampoco el colorante.

Del derecho y del revés

SORPRÉNDETE...

Dibujos que cambian de posición:
¿es magia? ¡¡Noooo, es ciencia!!

NECESITAS...

- Un tarro de cristal cilíndrico con tapa (de los de conservas).
- Agua.
- Un papel.
- 3 rotuladores de colores diferentes.

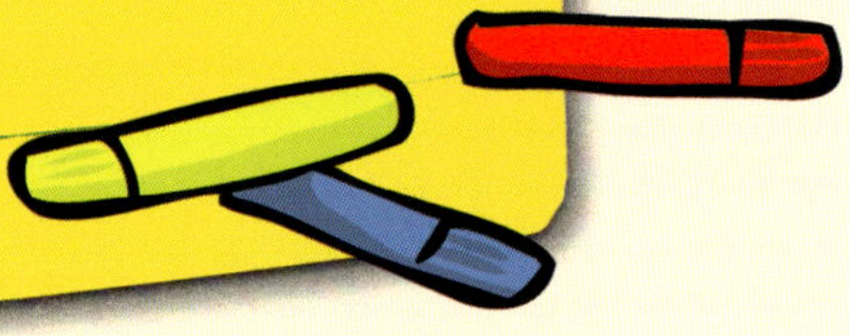

Manos a la obra

Paso 1

En el papel pintamos una figura geométrica con los tres colores diferenciados. Por ejemplo, esta:

Paso 2

Llenamos el tarro de agua y lo tapamos.

Paso 3

Apoyamos el papel en una superficie, de modo que quede vertical.

Experimentos de Física

Paso 4

Ponemos el tarro delante del papel. Lo acercamos y lo alejamos: veremos cómo, mirando a través del tarro, las figuras del dibujo ¡cambian de posición! Lo que estaba arriba se ve abajo y lo que estaba en la derecha pasa a la izquierda. Si colocamos el tarro en posición horizontal (tumbado, y recuerda que debe estar tapado), veremos que todo vuelve a cambiar de posición: lo que está arriba se verá abajo.

¿POR QUÉ SUCEDE ESTO?

Es una cuestión de óptica. Si está muy cerca, el tarro será una lente de aumento (lupa) y verás la figura mucho más grande pero, si separas el papel del tarro, verás que TODO SE DA LA VUELTA.

Las lentes convergentes son más finas por los extremos y más gruesas por el centro. Lo que hacen es que la luz se concentre en un punto y salga en la dirección contraria. Así:

CURIOSIDAD CIENTÍFICA

En realidad, nuestros ojos son LENTES CONVERGENTES. Sucede como con nuestro tarro: TODO LO VEMOS AL REVÉS. Sin embargo, al llegar al cerebro a través del nervio óptico, las imágenes son procesadas y nuestro cerebro... ¡LAS PONE EN LA POSICIÓN CORRECTA! Así podemos verlo todo en orden.

La luz que se traga la moneda

SORPRÉNDETE...

Ahora la ves. Ahora no la ves. ¿Cómo es posible? Una cuestión de óptica y luz.

NECESITAS...

- Un recipiente de cristal transparente.
- 2 monedas.
- Agua.

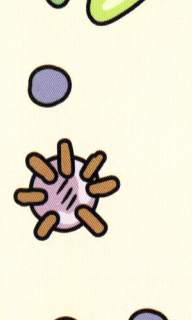

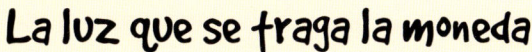

Manos a la obra

Paso 1

Ponemos una moneda DENTRO del recipiente.

Paso 2

Lo llenamos de agua. Miramos la moneda, pero ojo, no desde arriba, sino por un lateral, a través del vidrio. LA MONEDA ESTÁ AHÍ Y SE VE PERFECTAMENTE.

Paso 3

Vaciamos de agua el recipiente. Y ahora, en lugar de poner la moneda dentro del recipiente, la ponemos DEBAJO de él. Sigue viéndose bien, ¿verdad?

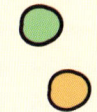

Experimentos de FÍSICA

Paso 4

Llenamos de nuevo con agua el recipiente y volvemos a mirar por un lado, a través del cristal.

Paso 5

¡LA MONEDA DESAPARECE ANTE NUESTROS OJOS! ¿Cómo es posible?

¿DÓNDE ESTÁ?

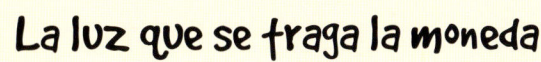

¿POR QUÉ SUCEDE ESTO?

Se llama REFRACCIÓN. Tan solo vemos los objetos que reflejan la luz hasta nuestros ojos. Al poner la moneda debajo del cristal, llenarlo de agua y mirar a través del vidrio, NO VEMOS LA MONEDA PORQUE LA LUZ SE DESVÍA Y NO LLEGA A NUESTROS OJOS.

Sin embargo, si miramos la moneda (la que está debajo) DESDE ARRIBA, no de lado, LA VEREMOS PERFECTAMENTE, porque la luz desde arriba no sufre ninguna desviación.

¡ASOMBROSO!

CURIOSIDAD CIENTÍFICA

La luz que ilumina la Tierra (y nuestra moneda), la que llega desde el Sol, recorre 149.600.000 km en 8 minutos y 17 segundos.

EXPERIMENTOS DE QUÍMICA

EXPERIMENTOS DE QUÍMICA

Un mar de colores

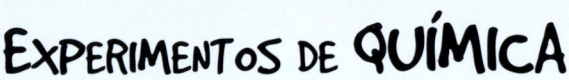

SORPRÉNDETE...

Colores y más colores. Un mar de fantasía para tus ojos.

NECESITAS...

- Un vaso de leche entera.
- Un cuenco.
- Colorante líquido alimentario AMARILLO. (*)
- Colorante líquido alimentario AZUL.
- Colorante líquido alimentario ROJO.
- Un poco de jabón líquido para lavavajillas.

(*) El colorante líquido lo encontrarás en tiendas de alimentación, supermercados o pastelerías.

☀ Manos a la obra

Paso 1

Lo primero que hacemos es poner la leche en el cuenco.

Paso 2

Después vertemos un poco de cada colorante, de manera que queden separados por colores.

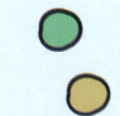

Paso 3

Finalmente echamos una gota de lavavajillas en el centro.
LA LECHE SE CONVERTIRÁ EN UN MAR DE COLORES, que bailarán y crearán formas preciosas. Cuando dejen de moverse podemos echar otras gotas de lavavajillas en los bordes: el proceso volverá a repetirse, creando siempre formas distintas.

EXPERIMENTOS DE QUÍMICA

Paso 4

Podemos probar con leche desnatada y veremos que las formas cambian debido a la menor cantidad de grasa de la leche.

¿POR QUÉ SUCEDE ESTO?

Todos hemos escuchado que los detergentes actúan contra la grasa; sin embargo, eso no es del todo cierto. La realidad es que el lavavajillas actúa ayudando a que el agua (leche, en nuestro caso) y la grasa se lleven mejor.

A la grasa no le gusta el agua, no se disuelve en ella; sin embargo, el lavavajillas consigue, con sus partículas, atraer la grasa y que se disuelva en el agua con más facilidad y se desprenda de donde está agarrada. El jabón secuestra, literalmente, la grasa.

Estas serían las formas caprichosas que forma EL COLORANTE, que LO QUE HACE ES PINTAR LA LECHE PARA QUE PODAMOS VER EL PROCESO CON CLARIDAD.

¡OOOOOH!

CURIOSIDAD CIENTÍFICA

Algunos científicos deben trabajar con equipos de protección que parecen trajes de astronauta; tienen que protegerse muchísimo, ya que están en contacto con productos altamente tóxicos y peligrosos. Por ejemplo, los científicos que buscan la cura para enfermedades muy contagiosas y mortales.

Bosque mágico de cristales

SORPRÉNDETE...

Si tienes duendes en casa, es una buena manera de hacerles una casita; seguro que les encanta y se trasladan a vivir a tu bosque mágico.

NECESITAS...

- Un blíster de pastillas de ácido acetilsalicílico (aspirinas). (*)
- Un frasco de conservas limpio y sin etiquetas, de cristal transparente y de unos 200 ml.
- Agua, y muuuucha paciencia.

(*) ¡OJO! Este experimento tendrás que llevarlo a cabo CON UN ADULTO, ya que los medicamentos no pueden estar al alcance de los niños.

Manos a la obra

Paso 1

Llenamos el recipiente de agua.

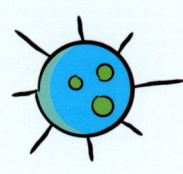

Paso 2

Vaciamos el blíster de pastillas dentro del agua.

¡TEN PACIENCIA!

Paso 3

Esperamos… ¡DE 3 A 6 MESES! (dependiendo de la humedad, de la cantidad de agua, etc.). Sabemos que es mucho tiempo, pero la espera VALE LA PENA. Además, así podremos seguir el proceso cada día, hasta que nuestro hermosísimo bosque esté terminado.
LA PACIENCIA ES LA MADRE DE LA CIENCIA.

EXPERIMENTOS DE QUÍMICA

Cuando el agua finalmente se haya evaporado por completo, tendremos un maravilloso bosque de cristales, como si hubiéramos atrapado copos de nieve gigantescos. Es realmente precioso.

¿POR QUÉ SUCEDE ESTO?

El proceso de cristalización sucede al evaporarse el agua; el ácido acetilsalicílico cristaliza, formando primero agujas y luego esas bonitas figuras geométricas.

CURIOSIDAD CIENTÍFICA

Nuestro bosque de cristales podría parecerse a un arrecife de coral. El coral está vivo, por lo que la Gran Barrera de Coral, en Australia, con más de 2000 km de longitud, se considera la estructura viva más grande del planeta.

Dos métodos para hacer tinta invisible

SORPRÉNDETE...

¿Usarán los espías esta tinta?

Seguro que sí.

Podrás mandar mensajes secretos
sin que nadie los pueda leer...

Necesitas...

Método 1

* Un limón.
* Papel.
* Una bombilla de 100 W encendida (la de tu mesita de noche o cualquier otra). (*)
* Un pincel (o tus propios dedos).

Método 2

* Agua.
* Bicarbonato de sodio (del que se usa para cocinar).
* Papel.
* Zumo de uva.
* Algodón o un pañuelo de papel.

(*) ¡OJO! Las bombillas encendidas QUEMAN. Mucha precaución.

Manos a la obra

Método 1

Paso 1

Exprimimos el zumo del limón.

Paso 2

Escribimos nuestro mensaje con el zumo de limón (puedes usar los dedos, un pincel o lo que quieras).

Paso 3

Esperamos a que se seque.

¡TIC, TAC, TIC!

Paso 4

Acercamos el papel a la bombilla encendida u otro foco de calor, y… ¡APARECERÁ TU MENSAJE!

Método 2

Paso 1

Mezclamos, a partes iguales, bicarbonato con agua. Por ejemplo: un vasito pequeño de bicarbonato y el mismo vasito de agua. Removemos para que quede bien mezclado.

Paso 2

Con esta mezcla escribimos nuestro mensaje en el folio.

Paso 3

Esperamos a que se seque.

Paso 4

Para desvelar el secreto, tenemos que pasar el zumo de uva por encima del papel (con un poco de algodón o un pañuelo de papel bien empapado) y... ¡EL MENSAJE APARECERÁ!

EXPERIMENTOS DE QUÍMICA

CURIOSIDAD CIENTÍFICA

La escritura cifrada existe desde que los seres humanos comenzaron a escribir.

En periodos de guerra, todas las civilizaciones han recurrido a los científicos para intentar desvelar los códigos secretos de los mensajes del enemigo.

Hoy en día, Internet funciona gracias a códigos cifrados que seríamos incapaces de entender.

¡ASOMBROSO!

¿POR QUÉ SUCEDE ESTO?

Lo que sucede en ambos casos es una REACCIÓN QUÍMICA.

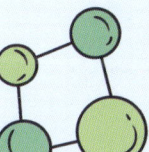

Los ácidos de los productos reaccionan. En el caso del limón, al acercarlo al calor, el ácido del zumo del limón se «quema» mucho antes que el papel y por eso se ve de color marrón, como tostado. En el caso del bicarbonato, es un ácido que reacciona con el ácido del zumo de uva, lo que genera un nuevo compuesto que tiene un color diferente.

EXPERIMENTOS DE QUÍMICA

¿Sólido o líquido?

SORPRÉNDETE...

¡Qué indeciso es este material! ¡A veces parece un líquido y otras una piedra!

NECESITAS...

- Un recipiente.
- Un poco de agua.
- Harina de maíz (maicena).
- Una cuchara.

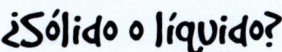

Manos a la obra

Paso 1

Vertemos un poco de agua en el recipiente.

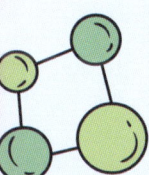

Paso 2

Después echamos, poco a poco, la harina de maíz. Mientras, mezclamos con la cuchara para conseguir una papilla espesa.

Paso 3

Ahora viene la diversión. A simple vista nuestra papilla se comporta como un «líquido»; podemos introducir con cuidado la cuchara y se hundirá. Pero… ¿y si golpeamos con la cuchara la superficie? Entonces se comportará como si fuera un sólido.

EXPERIMENTOS DE QUÍMICA

Atrévete y tócala. Cuanto más rápidamente la toques y la muevas, más sólida será.

¿Y si coges un poco entre las manos y la amasas? SE HARÁ UNA PELOTA, como si fuera plastilina. Pero en cuanto dejes de moverla, VOLVERÁ A COMPORTARSE COMO UN LÍQUIDO.

¡ESTA PAPILLA DE MAÍZ SE HA VUELTO LOCA!

Paso 6

Prueba a lanzar una de esas pelotas al recipiente desde cierta altura. Verás que al caer «choca» como si lo hiciera contra el suelo, pero pasados unos segundos... ¡se hunde!

¿POR QUÉ SUCEDE ESTO?

Al mezclar el agua con la harina (almidón) de maíz, conseguimos un fluido NO NEWTONIANO, que cambia su consistencia y viscosidad dependiendo de la presión que se ejerza sobre él.

Se investiga con este tipo de fluidos para hacer chalecos antibalas y otros tejidos u objetos de seguridad que absorban los impactos.

CURIOSIDAD CIENTÍFICA

El sólido con menos densidad del mundo es un aerogel inventado por el ser humano. Puede posarse sobre los pétalos de una flor sin doblarlos. Fíjate: lleno de este aerogel, un recipiente donde quepa una tonelada de agua ¡solo pesaría 160 g!

El huevo saltarín

SORPRÉNDETE...

Convertirás un huevo crudo en una pelota de goma. Sí, aunque parezca mentira.

NECESITAS...

- Un huevo crudo.
- Un recipiente grande con tapa.
- Una botella de vinagre.
- Esperar 48 horas.

Manos a la obra

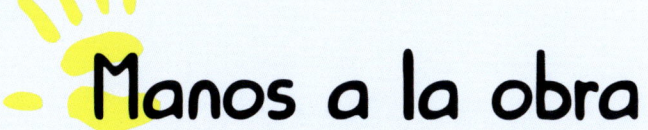

Paso 1

Primero metemos el
huevo en el recipiente.

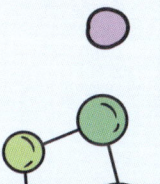

Paso 2

Lo cubrimos totalmente con vinagre.

Paso 3

Cerramos el recipiente.

Paso 4

Esperamos 48 horas.
Si el recipiente es
transparente, podrás
ver cómo va actuando
el vinagre sobre la
cáscara del huevo.

CONSEJO CIENTÍFICO

Es importante usar ropa adecuada siempre que hagamos algún experimento. Ten a mano guantes, una bata, gafas de protección y herramientas para no tocar los productos con las manos.

Paso 5

Pasadas las 48 horas podemos sacar el huevo del recipiente y, con cuidado, lavarlo con agua.

Paso 6

Veremos que:

1. El huevo no tiene cáscara.
2. Es más grande de lo que era cuando lo introdujimos en el vinagre.
3. SE HA CONVERTIDO EN GOMA. Puedes tocarlo y verás que es una sustancia gomosa. Incluso PUEDES HACERLO SALTAR, despacio y desde una altura muy pequeña (dentro de nuestra pelota de goma sigue estando la yema del huevo).

¿POR QUÉ SUCEDE ESTO?

1. PIERDE LA CÁSCARA:
La cáscara, al entrar en contacto con el vinagre, genera una reacción química: por un lado se produce dióxido de carbono (esas burbujitas que has visto durante el proceso) y, por otro, sus partículas de calcio se desprenden.

2. SE HINCHA:
El agua del vinagre entra dentro del huevo, porque este tiene una membrana permeable que protege la yema pero que absorbe el agua.

3. SE CONVIERTE EN GOMA:
Sufre el mismo proceso que cuando lo freímos en aceite. El ácido del vinagre provoca esta misma reacción pero más moderada.

Lámpara de lava casera

¿Has visto alguna vez esas lámparas que tienen líquido de colores en el interior? ¡Los líquidos se mueven sin mezclarse! Te vamos a enseñar a hacer una con unos ingredientes que, seguro, encontrarás en casa.

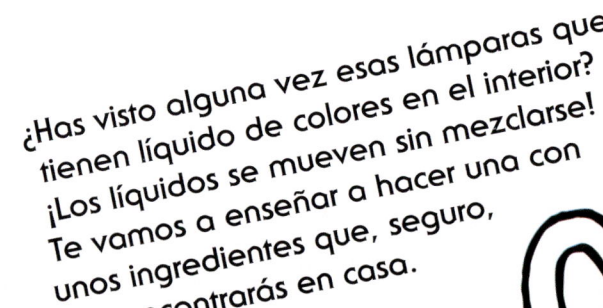

SORPRÉNDETE...

Lograrás hacer una lámpara de lava con ingredientes puramente caseros.

NECESITAS...

- Una jarra de cristal transparente.
- Un vaso de pintura témpera (sí, como la que usas para pintar en el cole) del color que más te guste.
- 2 vasos de aceite vegetal (o 1/3 de la jarra), del que se usa para cocinar (de girasol, por ejemplo).
- 2 vasos de agua (o 1/3 de la jarra).
- Una pastilla efervescente (de vitaminas para el resfriado, por ejemplo). (*)

(*) ¡OJO! No debes manipular medicamentos, así que tendrás que pedirle a un adulto que te dé la pastilla cuando la necesites.

Manos a la obra

Paso 1

Primero echamos el agua en la jarra.

Paso 2

Después añadimos la pintura y mezclamos.

Paso 3

Por último, vertemos el aceite.

Paso 4

Esperamos a que el aceite suba. Ya sabes que la densidad del aceite hace que no se mezcle con el agua; se queda siempre arriba.
Así que, con un poco de paciencia, el agua (teñida con la pintura) quedará abajo y el aceite arriba.

Paso 5

Cuando esté perfectamente separado, viene lo bueno: la CREACIÓN DE LA LÁMPARA. Esto se consigue con la pastilla efervescente. Al echarla, las burbujas de color subirán, impulsadas por la efervescencia, sin mezclarse con el aceite.
Es un efecto precioso.

¿POR QUÉ SUCEDE ESTO?

Podríamos decir que las moléculas del aceite y del agua no se llevan bien: si las mezclamos, se repelen. El aceite tiene «amigos» con los que se mezcla, como otros aceites o ceras. Y el agua, los suyos: pinturas acrílicas, azúcar, vinagre o sal.

Por eso es posible hacer este experimento: las burbujas de la pastilla efervescente (se producen al entrar en contacto con el agua) hacen subir la pintura coloreada formando figuras caprichosas y muy bonitas; al llegar al aceite, vuelven a bajar. Por eso, nuestro experimento parece un volcán en erupción, lanzando lava de colores hacia arriba.

¡ASOMBROSO!

Lámpara de lava casera

Hielo instantáneo

SORPRÉNDETE...

¡De líquido a sólido en un segundo! Pensarás que es imposible, pero... con un poco de ayuda, ¡podrás verlo con tus propios ojos!

NECESITAS...

- 150 g de acetato sódico trihidratado (se compra en tiendas de bricolaje y droguerías; a pesar de su extraño nombre es un producto inofensivo que se utiliza como aditivo alimentario).
- 50 ml de agua destilada (de la que se usa para planchar).
- 2 recipientes aptos para cocinar.
- Fuego (para calentar).
- 2 horas para enfriar.

¡IMPORTANTE!
En este experimento hay que utilizar fuego para calentar la mezcla. Necesitarás la ayuda de un adulto.

 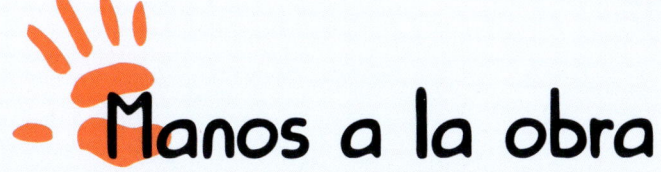

Manos a la obra

Paso 1

Primero tenemos que hervir el agua en uno de los recipientes.

Paso 2

Cuando comience a hervir bajamos el fuego y echamos el acetato, mezclándolo con cuidado hasta que se disuelva completamente.

Paso 3

Después pasamos la mezcla al recipiente limpio, con cuidado de que no salpique las paredes de este último. Con una servilleta de papel, limpiamos bien los posibles restos que hayan quedado. Esto es importante, porque, si las gotas de la mezcla se quedan adheridas al envase, puede ser que nuestro hielo instantáneo se solidifique antes de tiempo. (*)

(*) Recuerda que los pasos en los que se usa fuego o materiales muy calientes tendrás que realizarlos con un adulto.

Experimentos de QUÍMICA

Paso 4

Después lo dejamos en el frigorífico 2 horas.

Paso 5

AHORA VIENE LO BUENO. Sacamos la mezcla de la nevera y la vertemos sobre una superficie, poco a poco. Veremos cómo SE SOLIDIFICA ANTE NUESTROS OJOS FORMANDO UNA FIGURA DE HIELO SECO.

CURIOSIDAD CIENTÍFICA

El termómetro fue inventado en 1607 por Galileo. Fue una verdadera revolución científica, pero también doméstica. Desde entonces podemos saber si tenemos fiebre o si hace mucho frío en la calle.

¿POR QUÉ SUCEDE ESTO?

Lo que sucede en este experimento se llama cristalización: un líquido que pasa a estado sólido.

Al mezclar las sales del acetato, que son cristales, con el agua hirviendo pasan a estado líquido. Sin embargo, en el frigorífico se enfría de forma inmediata y las partículas, que deberían cristalizarse, se quedan «mareadas», no saben ordenarse para convertirse en cristal porque el cambio ha sido muy repentino. Se quedan «líquidas» pero a punto de la cristalización.

Al sacarlo de la nevera y volcarlo, el proceso se precipita. Cuando una de las partículas cristaliza, el resto se suma, como una cascada.

Paso 6

Con los cristales que quedan, una vez convertido en sólido, PODEMOS REPETIR EL PROCESO, calentando de nuevo el preparado hasta que vuelva a hervir.

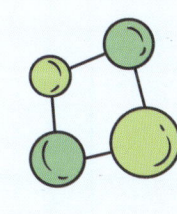

Química para inflar un globo

SORPRÉNDETE...

¡Podrás inflar un globo sin soplar! ¿cómo es posible? La química, a veces, parece magia.

NECESITAS...

- 4 cucharadas de bicarbonato sódico, del que se usa en cocina.
- Un vaso de vinagre.
- Una botella de plástico.
- Un globo.
- Un embudo.

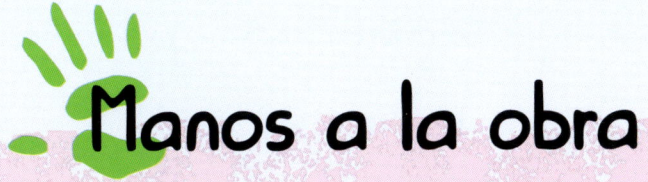
Manos a la obra

Paso 1

Primero introducimos el vinagre en la botella de plástico y la reservamos.

Paso 2

Después, con cuidado, tenemos que rellenar el globo con el bicarbonato.

¡CUIDADO!

Paso 3

A continuación, sin que el bicarbonato se salga del globo, ponemos este alrededor de la boca de la botella, bien metido para que no se escape el aire.

EXPERIMENTOS DE QUÍMICA

Paso 4

Una vez que esté bien colocado el globo, lo ponemos vertical, de manera que el bicarbonato caiga dentro de la botella.

Paso 5

Al entrar en contacto con el vinagre, la MEZCLA EXPLOSIVA comenzará a hacer muchísima espuma y, de repente, y sin tocarlo, ¡el globo se inflará!

¡OOOOOOH!

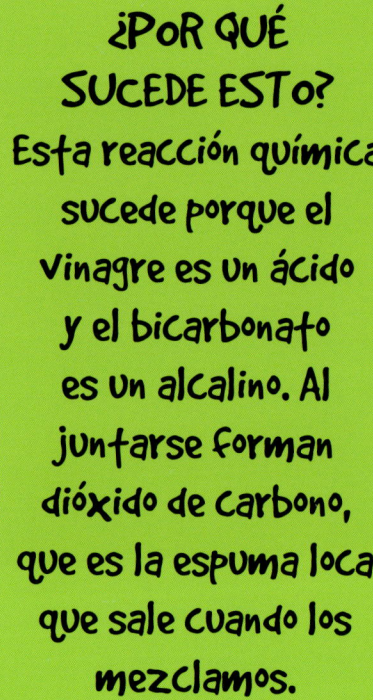

¿POR QUÉ SUCEDE ESTO? Esta reacción química sucede porque el vinagre es un ácido y el bicarbonato es un alcalino. Al juntarse forman dióxido de carbono, que es la espuma loca que sale cuando los mezclamos.

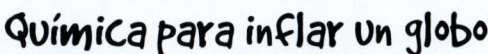

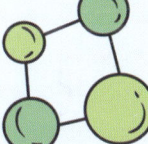

OTRAS VARIANTES DE ESTE EXPERIMENTO

Puedes hacer el experimento dentro de cualquier recipiente que no sea una botella. Si aumentas las dosis de vinagre y bicarbonato puedes construir un volcán para la clase de ciencias. Cuando eches el bicarbonato por el cráter, la espuma que genera simulará la lava. ¡Saldrá mucha y por todas partes, ten cuidado!

CURIOSIDAD CIENTÍFICA

¿Sabías que un astronauta no puede eructar en el espacio? La ingravidez no permite la separación de gases y líquidos en su estómago, así que... no eructa.

Una estalactita casera

SORPRÉNDETE...

Con los miles de años que necesita la naturaleza para hacer estalactitas... y nosotros te enseñamos a hacer una en unos días.

NECESITAS...

- 2 vasos transparentes con agua.
- 20 cucharadas de sal.
- 60 cm de cordón de algodón.
- 2 tuercas (harán de peso).
- Un plato pequeño (de café o de postre).
- Un poco de paciencia.

SONIDOS CON UN PEINE  86

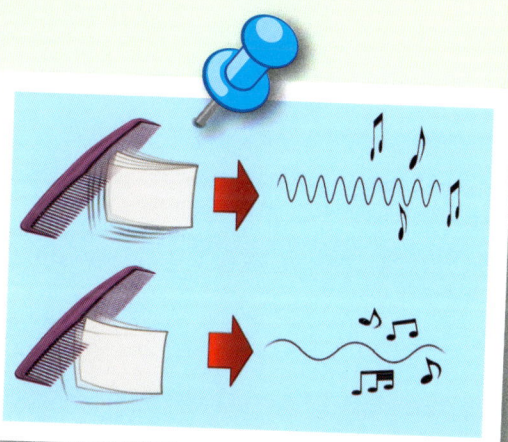

Materiales

- un peine con púas finas y gruesas
- un trozo de cartulina

❶ Pasa la cartulina por la punta de las púas finas del peine. Fíjate cómo suena.

❷ Moviendo la mano a la misma velocidad, pasa la cartulina por las púas gruesas del peine.

❸ Hazlo varias veces y observa la diferencia de sonido.

¿Qué sucede?

La cartulina **zumba** con un sonido **alto y agudo** cuando pasa por las púas finas y con uno **grave** cuando toca las gruesas.

¿Por qué?

Al pasar por las púas finas, la cartulina recibe más golpes, pues hay **doble número de púas finas que de gruesas**, y cuantos más golpes, más rápida es su vibración y, por tanto, **más agudo es el sonido** que produce. Cuando la sacudida es más lenta, el **sonido es grave**.

87 LA REGLA MUSICAL

Materiales

• una regla de 30 a 50 cm
• una mesa

① Pon la regla sobre la mesa de modo que sobresalga más de la mitad.

② Sujeta bien con una mano la parte de la regla apoyada en la mesa y levanta con la otra el trozo que sobresale.

③ Suelta la regla nada más levantar ese extremo y escucha el sonido que produce al vibrar.

④ Repite esto metiendo o sacando más la regla y observa si suena distinto.

¿Qué sucede?

Cuanto más largo es el trozo de regla que movemos, **más lenta es la vibración** y suena más sorda y grave. El trozo corto vibra más rápido y suena más alto.

¿Por qué?

Las vibraciones del aire producidas por la regla emiten sonidos **distintos según su velocidad**. A más velocidad, mayor número de vibraciones por segundo y **más alto es el sonido**. Con pocas vibraciones por segundo, el sonido es **más sordo o bajo**.

Materiales

- un diapasón
- una mesa dura
- un estante
- una pelotita
- cinta adhesiva
- hilo

❶ Pega un extremo del hilo a la pelota utilizando la cinta adhesiva.

❷ Pega el otro extremo del hilo a un estante o soporte, de modo que la pelota quede colgando.

❸ Coge el diapasón y golpea una de las púas contra el borde de la mesa.

❹ Inmediatamente, acerca el diapasón a la pelota. ¿Qué ves?

¿Qué sucede?

La pelota empieza a **moverse**.

¿Por qué?

Las vibraciones del diapasón se transmiten por el aire en forma de ondas. Estas ondas mueven el aire y este, a su vez, mueve la pelota. Igualmente, si oímos el sonido del diapasón al vibrar es porque esas ondas mueven el aire y las ondas de este hacen vibrar la membrana del tímpano de nuestro oído.

89 EL TOCADISCOS MANUAL

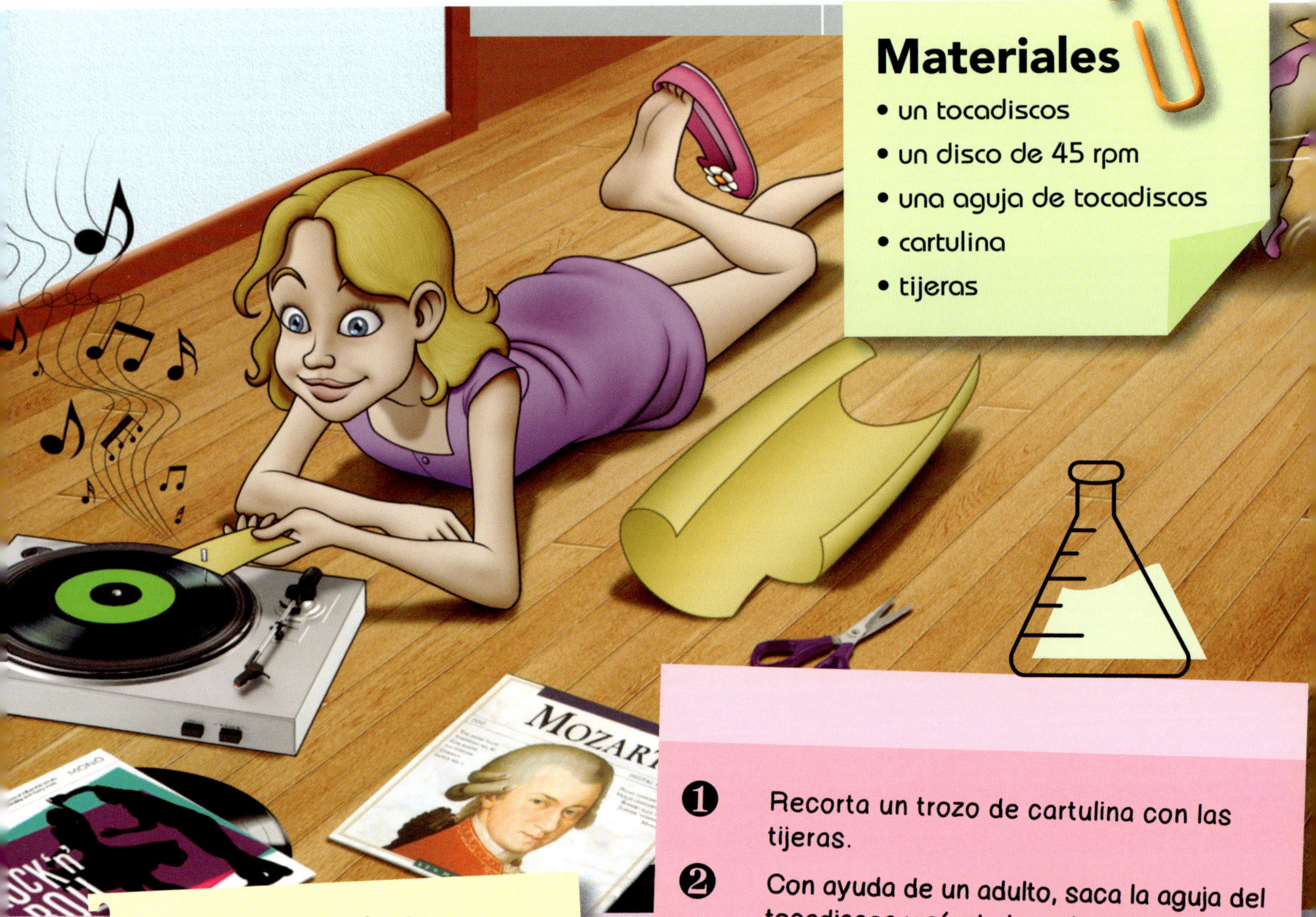

Materiales

- un tocadiscos
- un disco de 45 rpm
- una aguja de tocadiscos
- cartulina
- tijeras

❶ Recorta un trozo de cartulina con las tijeras.

❷ Con ayuda de un adulto, saca la aguja del tocadiscos y pínchala en la cartulina.

❸ Con ayuda, enciende el tocadiscos, coloca el disco y pon a girar el plato.

❹ Sostén la cartulina encima del disco de modo que la aguja vaya pasando por el surco del disco a medida que este da vueltas.

¿Qué sucede?

Logras oír la música grabada en el disco ¡y sin altavoces!

¿Por qué?

Mientras el disco gira, los altibajos y curvas del surco mueven la aguja y las **vibraciones de esta pasan a la cartulina,** la cual golpea las partículas de aire próximas, transmitiéndolas de unas a otras **hasta golpear el tímpano de tu oído.** La vibración de esta membrana hace vibrar los huesecillos del oído medio, que a su vez la comunican al líquido interno y este excita los nervios **enviando un mensaje nervioso al cerebro, que hace percibir el sonido.**

LOS SURCOS DE UN DISCO

Materiales
- un disco de vinilo
- plastilina
- una lupa

¿Qué sucede?

Los surcos están **llenos de ondulaciones irregulares**: unas son cortas y otras largas, y las hay altas y bajas.

❶ Coloca el disco sobre una mesa.

❷ Toma un pedazo de plastilina, caliéntalo con las manos para ablandarlo y ponlo encima del disco.

❸ Aprieta bien la plastilina sobre el disco para que se queden grabados en ella los surcos de esa parte del disco.

❹ Despega con cuidado la plastilina, dale la vuelta y observa los surcos con la lupa.

❺ El molde de plastilina que has sacado es un negativo, es decir, las partes que sobresalen del molde son las partes bajas o hundidas en el surco del disco.

¿Por qué?

Las ondulaciones cortas sacuden con rapidez la aguja del tocadiscos y eso produce **sonidos fuertes y agudos**, mientras que las ondulaciones largas mueven la aguja más lentamente y salen **notas graves**. Las ondulaciones altas producen **tonos fuertes**, y las bajas, **poco fuertes**.

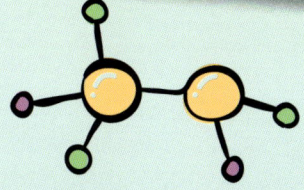

¿A QUÉ DISTANCIA ESTÁ LA TORMENTA?

91

Materiales

- un cronómetro o reloj con segundero
- tormenta con rayos

❶ Necesitas hacer este experimento un día de tormenta con rayos y truenos y estar cerca de una ventana o en un lugar desde el que veas los rayos.

❷ Cuando veas el relámpago del rayo empieza a contar los segundos en el cronómetro o reloj hasta que oigas el trueno.

❸ Divide el número de segundos obtenido entre tres.

¿Qué sucede?

El resultado indica **la distancia en kilómetros** a la que está la tormenta.

¿Por qué?

Los rayos y truenos se producen a la vez, pero **la luz y el sonido viajan a distinta velocidad** y por eso nos llegan en momentos distintos. La luz viaja a 300.000 km por segundo, así que el rayo lo vemos al instante, pero **el sonido tarda unos 3 segundos** en recorrer 1 km; de ahí el dividir los segundos entre tres para obtener la distancia en kilómetros.

¡Sorprendente!

Materiales

- un barreño
- agua
- un diapasón
- una mesa dura

1. Llena de agua el barreño.
2. Golpea una de las dos púas del diapasón contra el borde de la mesa.
3. Mete enseguida el diapasón en el agua y observa lo que pasa.

¿Qué sucede?

El agua se mueve y **forma ondas**.

¿Por qué?

El sonido son ondas que se propagan cuando un cuerpo vibra. Al golpear el diapasón, este vibra y **comunica esas vibraciones al aire que lo rodea; por eso suena**. Para ver las vibraciones del diapasón, basta con meterlo en el agua nada más golpearlo: **las ondas sonoras mueven el agua** y generan ondas en ella que sí vemos.

ÍNDICE DE EXPERIMENTOS

Experimentos con agua

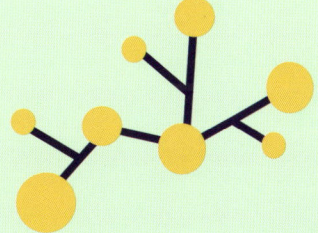

Experimentos con aire

Experimentos con sonido